Contents

Contents

Contents

Contents

제 1 부

그리운 것 뒤엔

고개를 넘다

유난히 추웠던 지난 겨울
혹한을 견디고
청보리가 물결처럼 일렁인다.
시래기죽과 보리개떡으로
보릿고개를 넘기셨다는 어머니의 삶보다
더 견디기 힘든 현실이라고
서민의 물가는 천장처럼 높고
손님들 발길이 끊어지는 영세 상가들
불빛이 꺼져간다.
아리랑 아리랑
누군가 힘겹게 넘어가는 고개
어렵사리 금융고개를 넘었건만
또다시 불어오는 매서운 바람
여기저기서 들려오는 한숨소리에 베인 불안들이
아리랑 아리랑고개를 넘는다.
신용불량 빨간 줄 하나
수도승의 염주처럼 목에 걸고

어떤 이에겐 아리랑전설보다
더 아픈 사연을 메고
방랑의 고개를 넘어간다

손톱을 깎으며

탐욕에 눈이 먼 적도
모진 말을 해본 적 없는데
언제나 패잔의
슬픔은 나를 지배했다
어쩌면 손톱 날을 세워
세상을 향해 한번쯤
앙칼지게 휘두르고 싶은
패잔병의 슬픔인지 모른다
소리 없는 슬픔이
빈 주머니 속에서 노는 오늘
날카로운 손톱을 감추고
가려운 곳을 시원하게 긁는
이 맛있는 슬픔을 먹는다

삶의 현장

—바람의 말

말로 빌딩을 짓고
벽돌 하나 쌓을 때마다
부를 쌓듯 하루를 견디는 사람들
말을 할수록 간절한 것들이
오늘을 고단하게 하는 대화가
오가는 삶의 현장은 때론
절망의 늪이다
해고라는 한마디 독을 마시고
뒤돌아버린 너와의 이별 어쩌랴
차디찬 한 잔 술이 울고
차디찬 이별이 슬피 울고
바람 같은 말에
온몸이 젖고 있음을 어쩌랴

봄

멀리 있는
산벚꽃들이
꿈꾸듯
졸음에서 깨어나고
풀꽃들은
속삭이며 피어나
사랑은
고백하지 않아도
가슴속에 스며
서로 끌어안지 않고는
못 배기는
꽃술로 얽히는
당신과 나의 계절

바닥에서

절망의 무게를 안고
바닥까지 내몰려 보았는가

바닥이 되어 올려보는 세상은
크기가 다른 신발가게다

바닥이 되어 밟히는 세상은
작은 발에 짓눌려도 상처는 크다

혹여 나는 무엇을 짓밟고
누군가를 아프게 한 적이 있었는지
바닥이 되어 많은 것을 생각했다

다시 일어나는 곳에서부터
밟고 지나는 곳에
아름다운 족적을 남겨보리라

바닥에서 일어선
저 가을의 황금들녘처럼

분리수거

분리수거를 하다가
마음이 분리 된다
마구 버려진
쓰레기를 보며
양심 없는 사람을 탓하다가
세상을 분리수거 해보면 어떨까?
엉뚱한 생각이 스친다
자연과 사람
거리와 건물들을
분리수거 하고 나면
깨끗하고 아름답기만 할까?
과연 사람 냄새가 풍기는
사람 사는 세상이 될까?

청산이 따로 있던가?
–건설현장에서

새벽을 열고
출근하는 노동자들
흙먼지와 땀 냄새로 흠뻑 젖고도
일자리가 있다는 것이 행복한 현실
현상 밖에는 지방선거가 한창이고
한 표를 더 얻기 위해 몸부림치는
위정자들을 외면한 듯
귀를 막은 듯 아무런 말도 없이
자기 몫의 일을 하는 사람들만 있는 곳
점심을 먹고 잠깐의 휴식을 누리고저
밥집으로 뛰어가는 정직한 발걸음이 말을 한다.
과거를 묻고 사노라고
세상과 담을 쌓고 청산에 사노라고
어려운 시절인데
땀 흘리며 일할 수 있는 곳
일을 한만큼 대가가 있는 곳
이만하면 청산이지
청산이 따로 있던가?

휴일

질탕한 소음들이
삼켜 버린 도시를
빌딩숲에 묶어 두고
자유를 외치는 휴일
청첩장, 부고장이
수면아래 잠드는 날이다.
온갖 푸성귀를 심어 놓은 뜰
화려하지 않은 야생화가
널브러져 있는 곳
혼란하던 마음이 벌거벗는다.
이름 다른 산새들이 모여 울고
보리쌀 한 줌 넣어
가마솥에 지은 밥
고추장 쓱쓱 비벼먹으며
오늘은 청산에 묻히는 날.
이곳이 청산이다.

아름다운 무늬

나무가
아름다운 무늬를 남기는 것은
비바람에 상처를 입고도
견디어온 삶의 흔적입니다.

돌멩이가
파도에 수없이 쓸리며
수석이라는 이름으로
사랑을 받는 것은
상처를 입고도 견디어온 세월입니다.

상처가
돌연변이가 보석이 된 것처럼
상처를 견디고 견디어
존경받는 사람은 더욱 아름답다.

아름다운 무늬가 되기까지
상처를 견디는 것이다.

계절의 길목에서

꽃잎들이
바람의 작은 숨소리에
힘없이 생명의 끈을 놓을 때
왠지 모를 눈물이 고이고
떨어지는 꽃잎을
하나 둘 손등에 얹노라면
젊은 날의 아픈 기억이
스멀스멀 기어나와
울컥 붉은 울음 한 사발
토해 내며 가슴앓이를 한다.

훔치지도 않은 세월을
꾸역꾸역 삼켜 버린
노년의 길목에 와 버린 몸
계절이 바뀔 때마다
바람이 자꾸 등짝을 때리면
시린 등과 온몸을
구들장에 눕혀 놓고

모났던 삶의 후회와 억울함
분노했던 기억의 회로를
이해라는 틀에 넣어 정화시키려
뜨거운 가슴앓이를 한다.

가을 산에서

가을 산에서
인생을 배운다던 말
오십 줄이 넘어서야
가슴에 와 닿습니다.

욕심과 허황된 생각으로
부를 쫓으며 살던 푸른 시절
가을 산에서 마주한 단풍은
열정과 행락이었다.

가을 산에서
제 이름처럼 다른 색깔로
나무가 얼굴을 붉히는 동안
세파를 견디며 열매를 키워낸
당당함을 보았습니다

가을 숲에서
내 얼굴이 붉혀지는 건

나의 이름에 걸맞게 단풍 드는지
뒤돌아보니 부끄러운
날들이 많아서입니다.

여덟 시간의 특권

계단을 닦으며 올라간다는 것은
마라톤을 하는 것처럼 숨이 차오르는 일이다
때때로 후미진 계단에 앉아 긴 한숨을 토해 내다가
휘두르는 주먹과 발길질에 까맣게 멍들었다는 고자질을
삼켜 버리는 나는 청소부

빗자루를 들면
금가루 흙가루 똥가루가 섞여있을지도 모를 것들을
모두 쓸어 버리는 특권을 가진다
걸레를 들면
누군가가 줬을지도 모를 것을 먹다가 흘린 흔적들을
맘대로 지울 수 있는 증거인멸의 특권을 지닌다

때론 위태로운 하루를
살아가는 일용직 근로자라서 할 말을 못하는 건 아니다
불의에 맞서 "염병 하네" 하고 혼쭐도 낼줄 아는 사람이다

내 발길 닿는 곳에선

앉아 있던 사람들도 일어나서 맞이하게 하는 특권과
걷고 있는 사람들은 비켜서서 " 수고가 많으십니다"
인사 받는 특권을 누리는 사람이다.

단풍

현란한 옷을 입고
굿판을 여는 무녀다
가슴 뭉클해지는
무녀의 슬픈 춤이다.

가뭄 앓이

논둑에 멍하니 서서
한숨을 내리 쉬던 농부의
움푹 패인 눈은 노을빛이다

초점 잃은 붉은 뉴망울
흘려야 할 눈물을 거둔 채
지독한 가뭄에 시달리고 있었다

까맣게 타들어가는 작물을
바라만 보는 심중도
논바닥처럼 쩍쩍 갈라졌을 것이다

한 방울의 눈물도
헛으로 버릴 수 없는 농부의
살가죽이 가뭄에 시달려 쪼글쪼글하다

불치병을 앓으며

어느 날 부터인가
또렷하지 않는 기억들

디지털 기기들과 씨름하던
나의 인공지능을 묶는 것으로
해마의 반란은 시작되었고
외우던 전화번호란은
하얀 깃발로 펄럭인다

살아온 날만큼 쌓인
보지 않아도 알지 않아도 되는
마구 쑤셔 넣은 것들을
하나. 둘, 서서히 비워 버리는
불치병을 앓고 말았나 보다

아직은 쓸만한
눈치와 남은 기억의 노래를 부르며
깜빡깜빡 잊어가는

사랑하는 이름들의
단축번호를 늘어놓고
01052193295
01057199719를 외우며
빨간 신호에 초록을 덧칠하여
해마의 반란을 잠재워보리라.

사임당을 흠모하여

귓전에 맴돌던 소리
사임당처럼 참한 여인이 되어라

선생님들과 어머니 말씀을 가슴에 새기며
꿈꾸던 소녀는 옛 시간에 머물고 있었다.

그림을 그리던 손으로
거울 앞에 앉아 화장을 지우고
아이들 학원비와 늘어나는 고지서걱정에 잠을 설치던 날
글 쓰던 손으로 가계부를 적다가
지갑을 열어보니 당신의 얼굴과 마주칩니다.

사임당!
소녀 적 흠모하며 존경하던 당신은
나의 우상이자 롤 모델 이었으나
작금에 나는 당신의 모습이 있는

지폐다발을 한 아름 안고 덩실덩실 춤추고 싶습니다.

당신을 흠모하는 까닭을 바꾸게 한 삶이 부끄러워
가끔씩 눈물을 펑펑 쏟아내는 이 마음을 아시는지요.

무인도

햇살을 받은 눈부신
파도를 가르며
시간을 가르며
그 섬에 가고 싶다

질투와 시기를 안고 사는
사람의 도시를 멀리 두고
어둠이 깔릴 때까지
금빛 너울 밟으며
아무도 없는 섬으로 가
나만의 왕국을 일구는
꿈속의 하루는 눈부시다

성스러운 섬 귀퉁이에
부끄러운 양심을 털어 내고
바위틈 언저리엔
시집 한 권 놓아 두고
가끔은 그 섬에 가고 싶다

예술인

예술의 혼을 품어
주체할 수 없는 끼
가끔은 미쳐 날뛰고
가끔은 고뇌에 빠져
세상사와 벽을 쌓는 자
그래서 더욱 빛나는 사람들

혹평에 흠뻑 젖던 날
뜨겁게 미친 춤을 추며
산과 들을 떠돌아 담은 혼
서릿발 같은 촉 세워 쏟아낸 작품이
세월을 먹으며 농익길 기다리다
애간장 녹아내린 가슴을 가진 사람들

때로는 바보스런 삶
때로는 목마른 짐승
세상을 담아 놓기엔
작은 가슴이 슬픈 오늘도
속울음을 삼키는 사람입니다.

굳은살의 이력

그녀가 발바닥을 얼굴 쪽으로
돌려보는 습관이 생긴 것은 굳은살이 생기고 부터다.
한반도 지도를 닮아있다는 것을 안 것도 그때였다.
그녀는 한반도를 끌고 당기며
온종일 건설현장 구석구석을 누비며 청소를 한다.
수많은 산과 계곡
드넓은 평야와 도시들을 이끌고 다녔으니
그 무게에 짓눌려 생겼을 굳은살
점점 두꺼워지는 굳은살을 벗기며
과거의 흔적도 지워보지만
국토를 점령하는 외래종 식물처럼
질긴 생명력으로 두껍고 넓어져간다.
곱고 부드럽던 그녀의 발
하루에 만 번도 더
한반도를 들었다 놨다하며
그녀의 가계를 꾸리는 화수분인 걸 몰랐다.
한 치의 틈도 없는 암흑
숨조차 편히 쉴 수 없는

꽉 조여 버린 시간을 묵묵히 견디던 발의 가치를
등거리에 땀을 흠뻑 적시고야 알았다.
최고의 무용수가 되기까지
수없이 꺾이고 삐뚤어져 못생긴 발이라는
수석 발레리나의 발과 그녀의 발
굳은살의 두께만큼 이력이 쌓이는 것은 땀의 몫이다.

어느 가로수의 독백

간판을 가렸다고
전선에 닿았다고
솟은 머리가 잘려지는 형벌의 고통
뿌리를 더 깊고 깊이
땅에 내리고 우뚝 서볼 일이다.
살아 있으므로 잎을 틔우고
열매를 맺는 일을 멈추지 않으리.
허리 반쯤은 접은 채
지친 노동자와 노구의 할머니가
등을 기대어 땀을 식히고
새들이 둥지를 트는 것이
내 삶의 의무는 아닐지라도
생이 다하는 날까지
나는 나의 일을 하여야겠네.
울분을 삼키던 사내의 주먹질에
잠을 설치던 사연 많은 길 언저리
선택한 삶이 아니어도

소쇄원 뜰은 아닐지라도
푸른 깃발을 흔들면 찾아드는 인연들
나 여기 꿋꿋하게 서서 나의 일을 하겠네.

그리운 것 뒤엔

아궁이에
왕겨 한주먹 던지며
불을 사른다.

서투른 풀무질에
속눈썹 태우고
부지깽이 달구어
파마 말던 울 언니
불장난에 오줌 싸던
어릴 적 추억

잿더미 속에
묻어둔 홍어처럼
삭히어진 기억의 맛이
목젓을 톡 쏘며 코끝에 앉는다.

찬바람이
가슴 시리게 하는 날

어김없이 꺼내보는
얼룩진 흑백 사진첩

그리움 삼키며
삶이란 페달을 밟으니
어느새 지천명의
터널을 지나고 있었네.

콩깍지

콩 타작을 하다가
콩깍지가 씌어서
부모님 반대를 무릅쓰고
결혼을 했던 가물거리는 긴 기억을
연어처럼 거슬러간 그녀
가슴 후미진 곳에서
꾸기적꾸기적 접어놓은 서운함을 꺼내어
미움과 분노로 바꿔가며
도리깨질을 하던 그녀의 팔이
그녀의 입술처럼 씰룩거린다.
벗겨지는 콩깍지들
사랑의 콩깍지도 벗겨지고 있다.
콩대를 태운다.
타닥타닥 남아 있던 콩들이 튄다.
매운 연기가 눈물을 튕기고
여자의 말이 튀고
남자의 대답도 튀어간다.

타닥타닥 콩대 타는 소리
티격태격 여자와 남자가 싸우는 소리
콩깍지 벗겨지는 소리가 요란하다.

벚꽃놀이

하늘하늘 나리는 꽃잎
차장에 아른거리던 하루
pm: 10시
장소: *성주터널 옆 바래기재길
어둠이 깔린 산길에
장승처럼 늘어선 나무 가지마다
암실에서 인화되는 사진처럼
숭얼숭얼 무리지어 피어오르는 벚꽃
별빛은 꽃잎에 내리고
꽃잎은 눈발처럼 흩어져 나려
사랑한다. 사랑한다. 사랑한다.
성주산 벚꽃 길을 걷던 그 밤
할 수 있는 말은 사랑한다는 한마디 뿐이었다

* 성주터널: 충남 보령시 성주면에 있는 터널

제 2 부

풀씨 하나 앉은 자리

굽은 소나무

산으로 이어지는 언저리
기울어진 폐가에서
덕지덕지 옹이 박힌
굽은 허리로 반겨 주던 노송
인적 끊긴 지 오래지만
등 굽은 아버지처럼
삶이 존경스런 어른이 계셨다

세상에 휘둘리며 박힌 옹이
살아남기 위해 제 몸을 굽히고
또 굽히며 굳어 버린 허리
나 역시 절로 굽혀지는 허리로
빙의된 여인처럼 머리를 조아려
이곳에 살러 왔다며 중얼거렸다

속정을 감추시던 근엄한
아버지 목소리가 귓전에 맴돈다

애야, 잘 왔다
이곳에서 평온을 찾으렴
등 굽은 아버지가 그리운 날이다.

산촌별곡 1
—둥지

석탄산업 합리화 조치로
광부들이 떠나고
더러는 이방인에서
삶의 터전이 된 사람이
많다는 마을에서
나의 둥지를 찾아 다녔다
몇몇 집들은 외상환자처럼
붕대를 감았거나 깁스를 했고
우거진 풀숲에 가려진 집들이
빈곤에 허덕인 채 지쳐 있었다
양지바른 산언저리
반은 허물어지고
반은 기울어진 중증환자인 집
나는 그 빈곤의 집을 품었다
구급대원을 불러 응급조치하고
상처를 치료하고 나니 살만했다

노숙을 면한 둥지의 첫 밤
산촌의 별은 더욱 반짝거렸고
품속 깊숙이 파고들었다

산촌별곡 2

－초보농사

밭이랑을 만들어
텃밭을 꾸리고
처음으로 씨를 뿌리고
거름을 주고 풀을 매고
모든 일이 어설프지만
처음 해보는 일들은
언제나 설레었고 재밌다
농약을 쳐야 먹을 수 있다는
아랫집 농부의 말을 흘려버리고
유기농으로 키워
무공해로 먹으리라
그것은 상상이었다
벌레가 먹어 상처투성이가 된 푸성귀
풋 열매로 떨어지는 과일로
수확의 기대는 사라지고
그저 푸름으로 끝났다

곳간을 채워 보지도 못하고
흙밭에 넘어지고 엎어지고
오체투지하며 서투른 수행을 하는
초보의 산천벌곡

산촌별곡 3
–잡초

멋스럽게 단장한
정원수 한그루도 없는
곤궁한 나의 뜰

혹독한 겨울을 견디고
푸릇푸릇 깨어나는 잡초들

여린 싹들은
가난한 나의 식탁에
맛좋은 단골 메뉴

치솟는 물가에 허리를 졸라매고
잡초라 여긴 봄나물로 가득한
뜰에서 건지는 행복의 맛을 즐긴다

풀씨 하나 앉은 자리

두렵고 무서움에 떨던 밤
소나기에 흠뻑 젖으며
몸살로 시작한 타향살이
뼈 속까지 아린 이곳
성주산 자락에 둥지를 틀고
바람과 비를 품으며
입술을 꽉 깨문 채
꽃대를 곧추세워
한 송이 꽃을 피워냈습니다
온 힘을 다해 씨방을 키워
씨방이 터지던 날
흩어진 풀씨 하나하나는
한 편 또 한 편의 시가 되어
글밭을 이룬 자리
척박한 땅이 밀원입니다

풀꽃에게 길을 내주다

텃밭을 일구며 사는 것은
작은 소망하나 이뤄지는 것이다
가슴에 사랑하는 이들을 심어 놓고
가꾸며 사는 일은 얼마나 행복한 일인가

텃밭 앞에서 머뭇거리는 것은
봄볕의 따스함만은 아니다
길을 덮을 듯
밭을 삼킬 듯
출입금지예요 라며 여리게
피어 웃는 풀꽃들과 동거하는 4월

바람이 고개를 돌릴 때마다
민들레 색깔로
제비꽃 색깔로 물드는 풀꽃
눈꽃처럼 하얀 냉이꽃이
걷는 발을 멈추게 했다
사랑하는 내 아이의 미소처럼

누가 그들을 짓밟고 싶으랴

4. 16.
어린 꽃잎 떨이뜨러 낸
기억의 바람이 불어오는 날
손에 쥔 호미를 던져버렸다
잔인한 4월 그날 하루만큼은
여린 풀꽃에게 길을 내주자

석수장이의 울림

—성주사지에서

골바람이 스러지는
황량한 절터
옛 스님의 장삼자락이
천개의 조각으로
늙은 느티나무에 걸터앉아
가을로 나부낀다.

빗나간 망치질에
손등에 멍 가실 날 없었을
석수장이의 정 쪼는 소리를 품은
오층석탑과 낭혜화상탑비가
천년의 시간으로 우뚝서있는 성주사지

고운의 사산비명을 새기던
이름 없는 석공의 고단한 정 쪼는 소리
가을바람으로 우는 빈 절터에
가득 채우는 예술의 혼

천년을 지켜 오는 길
화마에 휩쓸리던 고난의 긴 울림이여
숙연한 떨림으로 가슴을 울린다

바래기재 新 전설

–보령 무궁화수목원

골 깊은 성주산
바래기재 언덕
훠이~훠이~ 나는 새를 부르며
거친 숨 고르던 까만 멍에
숙명처럼 짊 지고 가던
광부의 허리 휘던 고갯길

성주산 골짝마다
정화수 올려놓고 빌던
아낙들의 기도를 흘려보낸 물가엔
새벽을 열던 광부는
고단한 땀방울과 토해낸 탄가루를
물소리에 흘려보며 걷던 길

돌탑을 쌓으며 다음 생애에는
꽃길만 걷게 해달라던
광부 아내의 기도였던가.

까만 멍에 벗어 내고
희망의 나무를 심은 곳
바래기재 언덕 아래

여기가 불국정토인가 무릉도원인가
백일동안 피고 또 피어 내는
수천수만 송이 무궁화꽃길을 걷겠네.
오호라 겨레의 꽃
무궁화로 피어난 광부의 땀방울이여!

* 바래기재: 보령시 성주산 줄기에 있는 성주터널 앞에서
옥마정으로 오르는 길

송도 연가

*토정선생 유택 목전
신보령화력발전소 건설부지로
선택된 땅 송도
민생을 헤아리는 토정의 염원
송도에 머물러 천명을 기다렸나보다

민의를 지향하던
푸른 절개로 가꿔온 섬
당신이 내어준 품으로
수천 명의 땀방울이란
산통으로 낳으신 신보령화력발전소
여기 민생을 위한 꽃불이 피었도다.

거센 파도와 씨름하며
살점을 떼어 내는 고통을 감내한
내 어머니 닮은 섬 송도여!

송도를

서해의 작은 섬으로만 기억하지 마라
민생의 꽃불을 품고 있은
어머니의 넓고 큰 가슴이다.

* 송도: 충남 보령시 주교면 송학리에 있는 섬
소나무가 많아 송도라 불렸던 섬이다.
* 토정 이지함의 묘: 충남 보령시 송도면 고정리에 있다.

여름

—해변풍경화

태양의신 아폴론이
백사장에 불장난을 하였나보다
온종일 모래알 끓는 소리에
작은 게들은 바다로 달리기를 한다.
바다는 연신 게거품을 풀어 내며
조개껍질을 몰아오고 끌어가고
사람들은 발가락을 오그린 채
첨벙첨벙 바다로 뛰어든다.
살아남기 위해 참아야 했던
오욕과 모멸의 잣대와
갑질의 횡포를 수장시키고
까르르 행복을 건져 나온다.
노을 진 백사장에서
해를 턴 사람들은
짝을 지어 뭍으로 걸어 나오고
사람들의 눈동자엔
하나 둘 별이 뜨고 있다.

"아이스크림 사려
시원한 냉커피가 있어요."
쉰 목소리가 수면으로 잠긴다.
온몸에 피이 있는 소금꽃이 따가운지
까무잡잡한 사내가 지친 다리를 끌며
남루한 옷을 말리고 있다.

바다에 묻다

살다가 힘들고 지칠 때면 찾아가는 대천 해수욕장
백사장을 거닐다가 유독 빛나는 모래알을 만났다

모래가 되기 전 생애에서는
귀한 대접을 받던 조개류 중 으뜸인 전복이었을 꺼다
생의 끝자락에서 살점이 도려내지고 빈껍데기일지라도
어느 가냘픈 소녀의 목에서 빛나거나 부잣집 안방을
떡 차지하며 온갖 호사를 누리기도 하는 종족임을 안다

모래알이 되기까지 거센 파도에 밀려
수천 번 아니 수만 번 깨어지고 부서지는
아픔을 견뎌내고 얻어진 또 하나의 이름 모래알이라

사그락 사그락 모래밭을 걷다보면
고개가 절로 숙여지는 것은
낭만도 고독도 내 의지도 아닌 인고에 대한 예(禮)

손톱 밑 때만큼 작은 모래알 하나가 나를 깨우치고
부끄럽게 하는 오늘 해묵은 체증 하나 바다에 묻다.

풀

풀이라 함부로 뽑지 마라
아버지의 논 두둑
흘러내리는 흙을 붙들고
난 연둣빛 밑그림을 그렸다

풀이라고 함부로 여기지 마라
그 뜨거운 불 속
온몸을 태워 모깃불을 피우며
기꺼이 당신의 여름밤이 되었나니
풀처럼 하찮게 여기지 마라
그저 묵묵히 나의 일을 하는 것이다.

어머니의 텃밭
한 줌 재가 된 풀이 그 위에 눕는다.

해바라기 사랑

내 생에 단 한사람
올케라 부르던 당신

불치의 병을 앓으며
해바라기가 보고 싶다던
그해 여름
당신은 해가 되었고
그대를 향한 마음
멈출 수가 없는
나는 해바라기
무서리 호되게 맞도록
그리워하는 내 마음
더욱 야문 씨로 굳어진 사랑

세상에 한사람 나의 올케여
당신은 해 나는 해바라기

섬에 산다

산촌에 어둠이 내리면
외딴섬이 된다
나는 별빛을 등대삼고
사공을 기다리는 섬지기

산촌에 어둠이 내리면
수천 개의 별빛이
험난한 저 현실로 부터
뱃머리를 돌려오는 섬

숲에 별이 내리고
평온은 꽃으로 피어나
눈물겨운 새벽이 올 때까지
연가를 부르는 나는 섬지기

제 3 부

등 뒤에 있는 사람

뜨거운 눈물

사랑하는 사람을 위해
뜨거운 눈물을 흘렸습니다.
어머니가 그랬듯이
아궁이에 불을 피우고
사랑하는 가족을 위해
밥을 짓는 나는 가마솥입니다
가슴을 달구면
흘러내리는 뜨거운 밥물은 사랑입니다
온 몸이 땀에 젖도록
가족을 위해 일하고
밤이면 끙끙 앓는 소리
가족을 위한 사랑의 세레나데
아버지가 부르는 노래였습니다.
가난이 산골로 불렀지만

가난해서 사는 게 아닙니다.
가마솥처럼 뜨거운
눈물을 흘릴 수 있음입니다

알곡이 되어

회초리를 들고
세워 둔 깨다발을 두드리시는 어머니
깨알이 쏟아져 나오는 모습에
흥얼흥얼 콧노래를 부르셨는데
내 종아리가 따끔거린다.

두드려라 두드려라
알곡이 도드라져
빼꼼히 얼굴을 내밀 때까지

눈물을 훔치며
어머니가 왜 회초리를 들었는지
허울을 벗어 버리고
알곡이 되어서야 나는 알았다

가난, 추억 동화

자갈 논 한마지기도 없었던
어머니의 궁핍한 가난살이
보릿고개 때에는 풀씨로 죽을 쑤어
허기를 달랬다고 하네요
꽁보리밥이 싫다며 보채던
어린 나를 데리고 들판으로 갔어요.
어머니는 논 두둑을 두리번거렸어요.
쥐구멍을 찾아다니며
어머니는 가느다란 팔을 쥐구멍 속에 넣었지요
쥐들의 식량을 훔치는 것임을 그때는 몰랐지요.
손에는 벼 모가지 몇 개씩 딸려 나왔고
재수좋은 날은 바가지에 가득 차기도 했지요
다음날 꽁보리밥 위에
쌀밥 한 숟갈이 무덤처럼 동그랗게 올라있었지요
깨소금 넣은 왜간장에 참기름 한 방울 넣고 쓱쓱 비빈
쌀밥
가끔씩 아픈 자식을 위해 나오는 특식이기도 했다

그렇게 길짐승의 식량까지 훔쳐가며
가슴이 미어지게 가난을 면하던 삶
지금은 동화로 남은 어머니의 삶이었습니다.

어머니의 손맛

마당 한편에
쓰다만 양철동이로
아궁이를 만들어
솥단지 얹어 놓고
보릿대로 불을 지핀다.

걸쭉하게 반죽한
뚝수제비 띄워가며
꺼져가는 불을 사르기 바쁜 발
애태우던 어머니 마음 모른 체
빠르게 타버리는 보릿대.

이글거리는 열기로
등허리가 흥건한 모시적삼
이마에 맺힌 땀방울이
뚝~뚝 솥에 떨어지면
소매 끝은 어느새 잿빛 물든다.

지금은 그리운 옛 정취
한 여름의 정겨운 맛으로 남아 있지만
매운 연기 속
울 어머니의 눈물 콧물 훔치시며
만들어주신 뚝 수제비
진수성찬 눈앞에 두고도
찾아 헤매는 그 맛 어이 잊으랴

어머니와 이별식

염이 시작되고
"울지 마세요.
눈에 밟혀서 좋은 데 못가십니다"
염장이 말에 꾹 참아 내는 눈물이
가족들 가슴마다 강을 만들고
염하는 내내 밀려오는 허무
소설 같은 어머니 삶을 떠올렸다.
이승에서 보는 마지막 모습은
빈손으로 왔다가 베옷 한 벌 걸치셨는데
옷 한 벌이 욕심이고 죄란 말인가
염포로 꽁꽁 묶이는 울 엄니
어머니의 아픈 손가락인 나
죄송해서 죄인이라서
꺼억 속울음을 삼키는 내 눈엔
죄인을 묶어가는 포승줄이었다.
열여섯 어린 나이에
정신대에 끌려가지 않으려고
꽃가마도 못타고 몇 십리 길을

걸어서 시집오셨다는 울 어머니
온 식구가 한방에서 생활하는
찢어지게 가난한 집
그 고생을 말로 다 못하신다며
평생 당신이 먹고 싶은 것
당신이 갖고 싶은 것
아까워서 쓰지도 못하셨던 어머니
마지막 쌈짓돈까지 툴툴 털어
자식들에게 주고 가시는데
무슨 죄목으로 묶여 가신단 말이요
하늘이시여!
한평생 자식위해 몸 고생 마음 고생으로
속이 까맣게 타버리신
우리 어머니의 모정은 무죄입니다.
부디 요단강을 건너시거든
꽃가마로 새색시처럼 모셔 가주오.

내리사랑

낡은 속바지에
듬성듬성 하얀 실밥이 기어다니는 것으로
어머니의 비밀주머니는 발각되었다.
그 속에 까치밥 사랑이 있다는 걸
온 식구들은 알고 있었다.
언제 올래, 언제와?
전화기를 들고 열댓 번쯤 묻고 말하고
수많은 날을 기다렸을 어머니
골목길을 달려와 "할머니"하며
와락 안기는 손자들에게 무엇이 아까우랴
철옹성보다 단단하고
성벽보다 높아 열어 볼 수도 없었던
굳게 잠긴 그녀의 금고 문이 열렸기 때문이다.
아마도 수년 동안 당신을 위해
한 푼도 못쓰시고 모으셨을
세어 보고 또 세어 보다가
낡아빠진 어머니 가슴 닮은 쌈짓돈
자식에겐 허리띠 졸라매느라

용돈이란 단어는 모른 척
학용품값도 인색하시던 어머니
과일의 익는 소리를 듣고
손사들을 기다리는 어머니의 내리사랑을
과일나무 아래 서성이며 답습하는 중이다.

어미가 되는 딸에게

찬바람이 불고 첫서리 내리면
초록의 핏방울을 뿌리에
다 내려주는 나무같이
젖몸살을 앓으며 어미가 되는 것이다

삶의 바람이 부는 늦가을
빛바랜 붉은 잎 하나
남기지 않는 나무같이
어미는 벌거벗은 몸으로 서있는 것이다

그렇게 세상에 남겨진 모성에 대하여
열매들은 감사의 눈을 뜨고
계절 잃은 눈발이 잠시 지나가고
시간 잃은 햇살이 잠시 지나는 들녘마다
낯선 풍경이 어미처럼 상처를 말리는 것이다

가을도 겨울도 아닌 오싹한 계절
고독이 별처럼 밀려오는 들판에서

벌거벗은 나무처럼
겨울을 이겨낼 준비를 하는 것이 어미다
딸아, 그렇게 어미가 되는 것이다

노을이 아름다운 것은

노을처럼 지는 생의 끝자락에서도
삶이 부끄럽지 않은 노인이
평생 폐지를 모아 판돈을
기부하였다는 미담이 돌았다

밤마다 누워서
천장에 그렸던 많은 생각 중
어둠이 내리기 전
세상에 태어나 태양같이
온 세상을 밝게 물들이는 삶은 아니어도
한번쯤 따스한 노을이 되어보는 거야

세상을 따뜻하게 물들이기에
노을이 아름다운 것입니다.

항아리

옹기 가족이
모여 있는 장독대
크고 작은 항아리
보기만 해도
편안하고 예쁘다
마음이 넉넉해진다.
어머니의 손때 묻은
항아리는 어머니 가슴이다

수저론

부엌을 잇는 작은 창
귀를 대고 달챙이수저를
꼭 쥔 소녀가 소리를 듣는다.
가마솥 열리는 소리
하나 둘 셋
식구 수대로 밥 푸는 속도와 시간
촉각의 날을 얼마나 세웠던가?
그 시절 최고의 간식

누룽지를 사수해야 된다.
달챙이수저로 가마솥을
긁기까지 키 작은 소녀는
재빠르게 부뚜막에 올랐다
"누렁이와 꿀꿀이 밥줘야 한다"
바가지 물을 벌컥 부으시던 어머니
달챙이수저에 붙어있던
누룽지 몇 톨 위로

그렁거리던 눈물이 떨어진다.
누룽지를 긁느라

초승달이 된 수저
궁핍했던 시절 누룽지조차
양껏 먹이지 못해
어머니 가슴 닮은 달챙이수저

나는 달챙이수저를 들었지만
금수저를 든 것보다 행복한 추억이다.

길이 끝나는 곳에서

어둡고 막막한 고난의 끝에
내가 서있는 것은 아닐까

해를 삼키는 수평선처럼
푸른 길을 한번쯤 그어 봐야지

그 길은 끝이 아닐 것이라는 믿음
돌아가는 길은 반드시 있을 거라는 믿음

길이 끝나는 곳에서
그대여 오래 머물지 말자

떠오르는 태양같이 다시
하루를 천천히 걸어가 보는 거다

생일

하늘의 별들이
유난히도 빛나던 그 밤
어머니는 밤새 처녀별자리
별과 별 사이를 누비며
별을 가슴에 품었을 것입니다.

내가 별을 좋아하는 것도
내가 별이 되어가는 것도
내가 별과 별사이를 누비며
시를 잉태하는 것도
어머니가 별을 품어
가슴으로 키운 까닭입니다.

먼 훗날
내가 별똥별로 사라진다 해도
슬퍼하지 않겠다는 건
어머니 품
고향으로 가는 까닭입니다.

등 뒤에 있는 사랑

패배의 짐을 지고
비틀거리며 가는 등 뒤에
바라보고 있는 사랑이 있습니다

꼬인 실타래 같은 삶
아픔을 소리 내어 말하지 못하고
고개 숙인 그림자를 밟으며
걸어가는 등 뒤에서 안타까이
지켜보는 사랑이 있었습니다

피로에 지친 허울덩이를 눕히고
잠든 내 등을 어루만지며
남몰래 눈물 훔치시던 어머니
어머니의 사랑이 등 뒤에 있었습니다

제 4 부

갈 대

갈대

겸손하게
고개 숙이며
세상풍파를 당당하게
견뎌볼 일이다
백발머리
헝클어지지 않도록
정신 줄 놓지 않고
견뎌볼 일이다
머리칼이
다 빠져 없어도
비굴하게 허리를
굽히지 않는 갈대같이
살아볼 일이다

계절이 바뀌면

계절이 바뀌면
나무는 키가 자란다
계절이 바뀐다고
나무가 풀이 되지 않듯
사람은 키가 크고
나이를 먹고
생각이 커진다
생각이 커진다고
사람이 바뀌는 것은 아니다
나무가 낙엽을 떨어뜨리고
열매를 떨어 내듯
욕심을 버리고
사심을 내려놓아야
크게 자라는 자연의 섭리다
지금은 계절이 바뀌는 중

가난의 위로

비록 가진 것이 없어
가난에 허덕이더라도
벌레 먹은 나무 잎 사이를 비추는
햇빛을 보며 희망을 가져볼 일이다

또한 서늘한 바람이 일어
후드득 떨어지는 낙엽을 보며
산나물이 돋아나는 따스한 봄날을
기다리는 인내를 가져 볼 일이다

우리가 가진 것이 없더라도
밀물이 왔다가 가는
저 개펄의 모래알처럼 남아 있을 일이다

가난에 가슴 졸이는 사람아
무엇을 가져서 부자이고
무엇이 없어 가난하다고 하겠는가
사는 동안일 뿐 인 것을

젖어가는 것

우리가 아는 모든 것은
배우며 젖는 것이다
사물에 젖고
사람에 젖고
조금씩 익히고 알아가는 것이다
미워하는 마음도
좋아하는 마음도
관심에 젖어가는 것이다
미워하는 마음이
생겨나거든 허공에 소리치자
누구를 미워할 때까지
수많은 밤을 아프지 않았던가
수많은 날을 끙끙거리는
밤을 새우고 분노에 젖지 말아야 한다
미워하던 마음이 생기거든
시 한 줄 외워보자
그 속에 평온이 젖어들 것이다

외사랑

곁에 없어도 좋은 사람이지만
당신의 등을 보면서
울컥 인다는 것을 당신은 모릅니다.

혼자서 가슴을 졸이며
끙끙 앓고 있다는 것을
당신은 모르게 하는 것입니다

수없이 삼킨 사랑한다는 말을
심장에 차곡차곡 쌓아놓고
허공에 쓰고 또 쓰는 일입니다

혼자서도 메마른 가슴을
촉촉이 적실 줄 아는 것입니다

인연 1

시공의 어느 끝에 머물면
당신을 만날 수 있을까

풀잎 위를 구르다가
어느 처마 밑에 떨어질 때는
당신을 못 만날 줄 알았습니다.

당신이 가던 길을 따라
흐르고 흘러 강가에 왔습니다
손을 내밀고 있는 당신이 보입니다.

시공을 초월한 당신과 나의 인연은
상물처럼 함께 있는 일입니다

인연 2

봄비의 작은 입자 속에
전생의 너와 내가 있었는지 모른다

꽃잎 위를 데구루루 구르고
냇물로 흘러가다가
잠시 머문 자리에
너와 내가 있었는지 모른다
세상 어디에 태어나서
어느 골짜기에 머물다가
잠깐 스치고 갔는지도 모른다

우리가
한 번이거나 몇 백 번이거나
인연이었던 것도
하얀 풀꽃이 피었다 지듯
그렇게 전생에서 왔다가
한 생을 살다가
스쳐가는 인연인지 모른다.

꽃이 되어

하루에 한 번은 꽃을 만나게 되는 것은
우리가 꽃같이 예쁜 마음을 가졌기 때문이다
길을 걷다가 거리를 장식한 꽃
낯선 유리창 너머 눈맞춤하는 꽃
화원 앞 무더기 꽃을 만나면 미소가 피어
성큼 네 앞에 다가서지만
너는 내 품에 오지 못하여
강아지처럼 킁킁거리다 네 이름만 불러본다
한 송이 꽃보다 꽃다발을
꽃밭에 무리지어 핀 꽃을 더 좋아하여
한 번은 꽃으로 피기를 소망한다
그리하여 사랑하는 사람들에게
미소를 피우게 하리라
활짝 웃게 하리라
그리하여 다음 생애엔 꽃이 되고 싶다
화려하지 않은 들꽃이어도 좋다

나를 디자인하다

한때는 여러 가지 꿈을 꾸고
그 꿈을 그려보고 디자인했습니다

그랬습니다
한때는 돈의 맛을 즐기는
중후한 사업가로 디자인하여
그럴싸한 포장지로 꾸미기도 했지요

그랬습니다
실패를 거듭하고 사랑하는 가족들과
뿔뿔이 헤어지는 아픔을 겪으며
더 좋은 디자인을 구상하느라
성난 파도처럼 절벽에 부숴버린 날들

지금은 알지요
부자가 아니어도 삶이 고달프지 않고
사랑하는 가족과 식탁에 둘러앉아

도란도란 이야기꽃을 피우는 것이
제일 아름다운 디자인이라는 것을
바보처럼 늦게 알았습니다

길이 끝나는 곳에서

어둡고 막막한 고난의 끝에
내가 서있는 것은 아닐까

해를 삼키는 수평선처럼
푸른 길을 한번쯤 그어 봐야지

그 길에는 끝이 있을 거라는 믿음
아니 돌아가는 길은 반드시 있을 거야

길이 끝나는 곳에서
그대여 오래 머물지 말자

떠오르는 태양같이 다시
하루를 천천히 걸어 가보는 거다

그리움

바람이 꽃잎을 스치는 소리에서
당신의 속삭임이 들려옵니다

살포시 떨어지는 꽃잎을 민지며
당신의 따스한 손길을 기억해냅니다

그대 어느 길목에서 듣고 있는가
가로등 되어 불 밝히는 이 소리를

그대 어느 산골에서 듣고 있는가
창가에 흘려보낸 사랑의 고백을

당신을 걱정하던 심장소리와
당신을 연모하는 마음의 불을 켠 채

오늘밤 곳곳에 널려 있는 인연의 별이
들려 주는 노래를 듣고 있는지요

짝사랑

우주를 돌던
바람을
모두 불러
한번쯤
화끈하게 꽃 피우게 하소서

두 손을 모으고
그대의
살갗을 부비며
하룻밤
화끈하게
잠들게 하소서

바람을 견디다

연둣빛 들판
여린 잎들이 바람에 흔들린다.
바람을 품는 법을
배운 적이 없어
가슴을 내주며 바람 앞에 서있다
세파에 견디는 법을
배운 적이 없어
바람이 부는 대로 몸을 맡겼다
햇볕에 몸을 달구며
초록을 마셨다.
초록은 검푸르러지고
사나운 태풍이 부는 날
검푸르러 진 잎의 본능이
어느새 바람을 이겨 내고 있었다

문고리 삼인방

연일 세간에 오르내리는 그녀의 문고리
이 문고리
저 문고리
그 문고리
손에 잡히지 않으면 쓸모없는 것도 문고리다
아무에게나 잡히는 공공장소에나 있는
흔한 문고리는 아니나 몇 십 년 동안
내 손아귀에 잡혀 살던 문고리 삼인방이다
현관 문고리
안방 문고리
화장실 문고리
그의 반란으로 벌거벗은 채
욕실에 갇히는 수모를 겪기도 했지만
어쩌랴, 내 생이 끝날 때까지
내 손아귀를 벗어나지 못할 운명인 것을

■ 작품해설

가시덤불을 시로 승화시킨 이력서

신 익 선(문학평론가)

1. 시의 도표(圖表)

오금자의 시편에는 오금자가 있다. 시인 오금자와 시인 오금자가 있다. 처절할 정도로 자기 자신의 이력을 내보이는 시편들을 선보이고 있으나 태엽을 돌리는 손끝처럼 자기 자신의 시간들을 반추하고 유추해보면서 시간 속에 시를 새겨가는 오금자의 섬세한 내면이 묻어 있다. 거의 모든 시편들마다 오금자의 냄새를 풍기고 있다. 고즈넉한 시의 냄새들이다. 그 냄새들이란 게 시골 장맛처럼 구수하다. 허세나 허영이나 허명을 탐히는 흔적은 눈 씻고 찾아봐도 찾아볼 수 없다. 제 이름 알리기에 환장지경도 아니다. 그저 수더분하고 수수하다. 가을이면 고개를 숙여가며 익는 텃밭 수수목처럼 정겹기만하다.

그 수수목의 흔들거림 속에 오금자가 풀어놓는 '시어'들이 굳세게 시를 쓰는 시인 오금자의 '집'이다. 지상의

'집' 들은 청소를 하지 않으면 그 집에 못 산다. 사람들을 품어주고 사람들의 거처가 되는 집은 사람의 손길이 닿지 않으면 망가지고 만다. 쓸고 닦고 수리하는 일의 연속인 집, 지상의 그 숱한 직업군 가운데 시인 오금자의 직업은 집이나 건물을 '청소' 하는 일을 전문 직업으로 선택한 '청소부' 다. 굳이 호명하자면 청소부 시인인 셈이다. 여느 청소부가 아니라 건물의 구석구석을 닦아내듯 영혼까지 닦아내는 전문 청소부이다. 아무나 가질 수 없는 직업이라서 이를 소중히 여기며 할 수 있는 한 온갖 정성을 기울여 최선을 다하여 일하며 산다.

그렇다고 시인이라는 본래 시인기질이 소멸한 건 아니다. 호기나 호방함이 죽은 것도 아니다. 오히려 그 반대다. 오금자의 생각이 묻어나는 오금자의 시적 자아는 기찰 정도로 당당하다. 당당함의 도가 지나칠 정도로 당당하며 당당하다. 그것은 사람의 거처로써의 집과 시어들의 거처로써의 집이 공존하며 이 둘 사이 간격에는 각자 소중한 영역이 있음을 알기 때문이다. 재론하면 눈에 보이는 사람이 사는 집이 있다. 이 집은 청소도 하고 고치기도 하면서 사람이 거주하는 장소이다.

반면에 시가 사는 시의 집이 있다. 이 집은 눈에 보이지 않으나 오직 시인만이 시인의 눈으로 보는 집이다. 굳이 명명하자면 영혼의 집이다. 단언컨대 눈에 안보여서 그렇지 영혼의 집은 지상에 서 있는 집보다 우월하다. 시인은 이 두 개의 집에서 공존한다. 그러나 이 공존은 낭만

적이 아니다. 치열한 쟁투의 시 쓰기에 연이은 처절한 쟁투의 울부짖음이 배어 있는, 시와 삶의 이력에 대한 토설이다. 지상의 집이든, 영혼의 집이든 이 집들을 건사하고 유지하기란 보통일 아니다. 이들에 대한 성찰이 오금자 시편의 주요몸통이다. 그들의 울림들이 오금자 시의 울창한 줄기이다. 오금자의 여러 시편 중에서 「여덟 시간의 특권」은 그를 잘 드러낸 작품이다.

계단을 닦으며 올라간다는 것은
마라톤을 하는 것처럼 숨이 차오르는 일이다
때때로 후미진 계단에 앉아 긴 한숨을 토해 내다가
휘두르는 주먹과 발길질에 까맣게 멍들었다는 고자질을
삼켜 버리는 나는 청소부

빗자루를 들면
금가루 흙가루 똥가루가 섞여있을지도 모를 것들을
모두 쓸어 버리는 특권을 가진다
걸레를 들면
누군가가 궜을지도 모를 것을 머다가 흘린 흔적들을
맘대로 지울 수 있는 증거인멸의 특권을 지닌다

때론 위태로운 하루를
살아가는 일용직 근로자라서 할 말을 못하는 건 아니다
불의에 맞서 "염병 하네" 하고 혼쭐도 낼 줄 아는 사람이다

내 발길 닿는 곳에선
앉아 있던 사람들도 일어나서 맞이하게 하는 특권과
걷고 있는 사람들은 비켜서서 " 수고가 많으십니다"
인사 받는 특권을 누리는 사람이다.

–「여덟 시간의 특권」 전문

일찍이 이 땅에 막노동꾼, 지게꾼 등등의 수십 개의 직업을 전전하며 시를 써 온 시인이 있다. 한분은 이미 작고하신 보령출신의 큰 시인 홍완기 시인이고, 또 한분은 지금도 여전히 시를 쓰고 있는 김신용 시인이다. 김신용의 시집, 「개 같은 날들의 기록」은 시적 수사가 무색하리만큼 피눈물 서린 한 인간의 실체적 실상들이 표출된다. 오금자의 일부 이번 시편들도 그에 필적한다. 김신용이 도시 빈민의 삶을 그려냈다면 오금자는 충남 서해안지역의 소도시 시민으로 살아가는 애환을 그려내고 있다. 처연하다. 시인의 일상이 시를 쓰는 일이 아닌 '돌계단' 을 닦는 일로부터 시작한다. '계단을 닦는 일' 로 시작되는 하루의 일과는 고된 신역을 요구한다.

'숨이 차오르는' 아침을 감내해 내며, '후미진 계단에 앉아 긴 한숨을 토해내다가/휘두르는 주먹과 발길질에 까맣게 멍들었다는/고자질을 삼켜 버리는' 일을 조용히 감내하는 '청소부' 의 삶은 예의 김신용이 말한 '개 같은 날들의 기록' 에 버금갈 것이나, 오금자는 시인이다. 시인의 고통은 틀리다. 시인은 피울음의 고통스러운 현실에서 부딪치는 상처의 피울음을 통하여 자기 자신의 시의 날줄과 씨줄로 삼는 미덕을 갖고 있다. 시인의 고통은 틀리다. 시 앞에서는 굳세고 강인하다. 그리하여 시인이라 함은 현실의 상황 속에서 살지만, 그 상황에 자족하거나 절망하지 않는 통찰의 안목을 갖고 있다. 오금자 시인은 일용직 근로자이지만 정규직 근로자보다 배나 더 일한다. 배나 더 수고하여야 하는 현실을 떠안고 있다. 그러나 오금자는 시인이다. 일시적으로 주저앉을지라도 영구히 주저앉지 않는다. 절망하지 않는다. 이마에 땀 흘려 일하는 노동자시인이지만 당당하다. 굽히지 않는다. 큰 소리 내어 싸우는 대신에 불의를 무서워하지 않는다. 세상 그 무엇 역시 무서워하지 않는다. 시인은 살아서 이미 죽음을 맛보는 자이다. 살아서 이미 수 없이 죽음의 불도가니를 통과한 지 오래, 삶과 죽음의 수평선은 늘 시인 자신의 폐부에 꿰차고 있음을 인지하고 있는 까닭이다.

특히 '불의에 맞서 "염병 하네" 하고 혼쭐' 내는 시행은 가히 압권이다. 일용직은 일용직이다. 하루라는 한시적 시간 내에서만 일하는 것을 허락 받은 셈이다. 일용직에서 잘리면 갈 곳이 없다는 계산 따위와는 애초부터 무관하다. 죽으면 죽는 것이다. 일용직 청소부를 못하면 그만 두는 것이다. 청소부가 하찮다는 의미가 아니다. 당장 입에 풀칠하는 직업으로 소중하다. 그렇다고 하여 핏대나는, 열 받는 경우를 당하면 묵묵히 참지 않는다. 지체 않고 "염병 하네" 쏘아 붙인다는 것이다. 노동의 수고를 지불하고, 그 노동의 대가를 받는 청소부의 삶일지라도 한 개인으로써의 고유한 인격권은 존엄하다. 수틀리면 "염병 하네" 쏴 붙인다는 것이다. 그뿐인가. '발길 닿는 곳에선/ 앉아 있던 사람들도 일어나서....../ 걷고 있던 사람들도 비켜서서.....' 그들로부터 인사 받는 '여덟 시간의 특권' 을 만끽한다. 이쯤 되면 '펜이 칼보다 강하다' 라는 말은 공연한 말이 아님을 알게 된다.

청소를 하지만 오금자 시인은 그 속에서 시를 찾는다. 시를 찾는다는 것은 시의 집을 짓는 다는 것이며 이는 다시 삶의 내면을 탐구한다는 뜻이 내포되어 있다. 내면 탐구라는 말 속에는 비밀이 숨어 있다. 시인에게 있어 이 비밀은 비밀의 힘이다. 시인은 코앞의 어려운 현상에 굴복하는 굽힘 없음이 그것이다. 오금자가 당당히 자기 자신의 스토리를 토설하게 되는 근본 요소는 내면을 중시하는 힘을 가진 시인이기 때문이다.

공연히 허례허식에 치중하여 자고(自高)하길 즐기는, 이미 폐기되어 버린 무늬만 시인인 시인이 아니라, 맹렬하게 생동하는 시인, 미래를 향하여 돌진하는 시인, 세계의 중심에 기꺼이 자기를 드러내놓는 자기존중의 시인, 슬픔을 숙성시켜 자양분으로 삼는 시인, 어떤 일이 있어도 굳세게 뚜벅뚜벅 시를 써가는 시인이라는 자부심으로 현실을 이겨나가는 시인이라는데 있다. 두말 할 것 없이 이들은 모두 오금자 시인에게 있어 너무나 중차대한 시의 노정(路程)이자, 시의 도표를 그려가는 것에 다름 아닌 것이다.

2. 시의 슬픔

탐욕에 눈이 먼 적도
모진 말을 해본 적 없는데
언제나 패잔의
슬픔은 나를 지배했다
어쩌면 손톱 날을 세워
세상을 향해 한번쯤
앙칼지게 휘두르고 싶은
패진병의 슬픔인지 모른다
소리 없는 슬픔이
빈 주머니 속에서 노는 오늘
날카로운 손톱을 감추고
가려운 곳을 시원하게 긁는
이 맛있는 슬픔을 먹는다

-「손톱을 깎으며」 전문

종행(終行)의 반전이 없었다면 이 시편은 무미건조한 넋두리다. 관형어인 '슬픔'은 이 종행으로 인하여 급기야 '먹는' 식량이 되어 주었다. 관념적인 단어가 구체적인 시어로 전환한 것이다. 이 시편을 살린 '슬픔'이 먹는,

'맛있는' 먹이가 되는 이 구절은 오로지 오금자가 시인이기 때문에 가능한 말이다. 세상 모든 사람들이 휘황한 거주지에서 휘황한 차림새로 휘황한 일상을 살고 있을 때, 아득하여라. 시인이라는 패거리는 거의 아사 직전이다. 아니, 시인은 반드시 아사하게 되어 있다.

시가, 한 편의 시가, 시인을 먹여 살리지 못한다. 시인에게 어떤 위안도 가져다주지 못한다. 그리하여 너무나도 많은 시인들이 이구동성으로 내뱉는 말이 시가 밥이 되나, 돈이 되나, 라는 말이다. 시를 쓰는 시인 가족들은 노소불문하고 더 아우성이다. 아사(餓死), 굶어죽는다는 이 말처럼 시인에게 적합한 용어는 없다. 도대체 그 어떤 수익이 되지 못한다는 시, 수익이 되지 못하는 시 나부랭이를 어째서 시인들은 밤새워가며 끼적거리길 마다않는 것인가. 다시 아득하여라. 위 시에 드러나는 시인의 대지는 전쟁터에서 패전한 패잔병의 몰골로 황량하다. 마치 오금자 시인이 보령 성주산자락의 진폐증 환자의 다 쓰러져가는 오두막을 사들여 고단한 육신을 뉘였던 성주면 성주리에서의 첫날밤처럼 스산하다. 그렇기에 '언제나 패잔의/ 슬픔은 나를 지배했다', 라는 슬픔의 전주곡을 들려준다.

게다가 이 슬픔이 거처하는 공간은 현기증이 서린 '빈 주머니 속'이다. 빈 주머니라니, 또 다시 아득하여라. '슬픔'에다가 '빈 주머니'의 실정은 겪어본 사람만이 아는 불안과 절망의 이중주이다. 사람이 불안에 빠지는 것보다

위험한 것은 없다. 절망에 처해지는 것보다 막막한 일도 없다. 눈을 뜨고 살아가는 세상이 막막하고 아득한 현실 아닌 현실을 걸어가고 있음을 감지하는 공허함에 몸서리 치다가 사람들은 술에 탐닉한다든지 등등에 자신을 소멸 시켜버린다. 사람은 불가불 삶을 살아 내야 한다는 숙명 적인 존재를 체득하는 동시에 시인은 시로써 자신을 성찰 하면서, 시로써 이웃을 보듬어주어야 한다는 깨달음을 얻는 시점도 바로 그때이다. 시인은 현실의 위협에 굴종이나 굴복하지 않고 시로써 이 황폐한 폐허의 공간을 어떻게 견디는가를 보여 주는 자이다. 그것이 시인이 고달프고 어려운 삶을 감내하면서도 시를 놓지 않는 이유이다. 누가 뭐래도 지상의 삶에서 매우 무능하고 어리석게 살아가도, 시인은 끝끝내 자신을 존중하면서 줄기차게 시를 써가게 하는, 시의 힘을 신봉하는 자이기도 하다. 설령 아닐지라도 시의 힘을 염원한다.

그러한 시의 힘은 내부에서 우러나온다. 내면을 바라보는 일이 주관심사인 시인은 특히 시를 통한 자아성찰의 푯대를 지향한다. 세상의 바람은 매섭기만 하나 시인은 오히려 이를 노래하면서 삶의 고개를 넘어간다. '......(전략)....../ 또 다시 불어오는 매서운 바람/ 여기저기서 들려오는 한숨소리에 베인 불안들이/ 아리랑 아리랑고개를 넘는다/ 신용불량 빨간 줄 하나/ 수도승의 염주처럼 목에 걸고/ 어떤 이에겐 아리랑전설보다/ 더 아픈 사연을 메고 방랑의 고개를 넘어 간다' (「고개를 넘다」 일부)에서처럼 시인의 눈에 포착된 아픔과 고뇌와 슬픔의 현장을 통 털어 뭉쳐서 마침내 한 편의 시편으로 재탄생시킨다. 슬픔이 산업이 되는 경우는 이 경우 말고는 없다. 즉, 세상 사람들은 슬픔에 허덕이면서 슬픔에 함몰당하기 십상이나 시인은 그 슬픔을 주조하여 전혀 새로운 질료의 정신을 창조한다. 이것이 시다. '슬픔은 인간이 가질 수 있는 정서 가운데 최고의 것이고, 동시에 모든 예술의 전형이요, 시금석임을 이제야 나는 알겠다.' 라고 고백한 오스카 와일드가 그의 『옥중기』에서 갈파한 표현이 과장이 아님을 온몸으로 체득하는 것이다.

이렇게 관념이나 책상이 아닌 현장 중심의 실제풍경을 그리면서 작품의 형상화에도 일정 부분 성취감을 과시하고 있는 오금자의 시편은 거의 전편이 위 시편, 「손톱을 깎으며」라든가, 「고개를 넘다」처럼 내외부적 시안(詩眼)의 관점에서 고찰할 때 상당한 리얼리티를 확보하고 있다. 그야말로 시의 슬픔을 승화시킨 시어의 독창성이 돋보인다. 시어의 내밀한 힘이 시를 이끌어 감으로 인하여 슬픔의 질곡에서 설렘으로 인도하는 구원의 밧줄 역할을 한다. 이래서 '이 맛있는 슬픔' 이라는 시어가 탄생하기에 이른 것이다. 이런 시어는 온실 속에서 자란 시어나, 자기 자신을 현시하지 못하여 안달이 난 시어들은 표현 불가능한 시어들이다. 시의 언어란 바로 이를 이름하며 오금자의 리얼리티즘에 입각한 다수의 시편은 이에 근접한다. 요컨대, 체험이 없다거나 정직하지 않고는 잡아낼 수 없는 생생한 실물의 표상들이다.

3. 시의 밀원(蜜源)

오금자가 열악한 현실을 감내하면서도 줄기차게 시의 끈을 부여잡길 마다치 않는 것, 그 이유 속에는 잡초나 들불처럼 '시', 혹은 '시인'의 생명력을 다잡는 오금자의 근성(根性)에 자리한다. 고통, 고난, 고투를 이겨내려는 끈질긴 성향을 말함이다. 말이 근성이지 실상은 오기이며 깡이다. 누구 눈치 안보고 시에 천착하는 오금자의 일상은 그렇지 아니하고는 불가능하다.

그에의 근저에는 오금자가 써 가는 시편들이 주요인자이다. 오금자가 아니라 시이다. 오금자의 시편들이 굳세게 시를 써 가는 삶의 모양새, 오금자가 살아가는 삶의 모양새를 놓치지 않고 '시'로 표출해 낸다는 점이다. 오금자가 시를 써 가는 것이 아니라 시가 오금자를 써 가는 이를테면 시의 포로, 그렇다. 오금자의 시편에 드러난 시적자아에서는 어쩐지 해난사고로 목숨을 잃어가면서도 자식들에게 새로운 미래를 전해주고자 어린 아이들을 품에 껴안고 단신으로 이민을 감행하는 이민자의 영상이 오버랩 된다.

언제 어디서 어떻게 죽을지 모르지만 길을 떠나온 절박함이 켜켜이 묻어 있다. 애절하기도 하다. 그냥 애절한 것이 아니라 그들의 애절한 눈빛이 읽힌다. 목에 매달린

두, 세 살의 어린 것들과 함께 더 이상 숨 쉬기조차 어렵고 괴로운 현실에서도 한 가닥 삶의 희망을 찾아서 길 떠나가는 이민자들, 꼭 그들의 행렬이다. 이민자를 거론하려 함이 아니라 오금자다. 흡사 오금자다. 오금자 역시 이민자들처럼 시에 목을 걸어놓고 시를 써 가는 시의 이민자, 오금자도 시를 찾아 이민을 떠나 온 것 아닌가. 대처에서 떠돌다 종내는 성주산 자락 오두막집에서 '두렵고 무서움에 떨면서' 밤을 지새운 것 아닌가. 그렇게 홀로 시를 써 온 것 아닌가. 그렇게 눈물 흘린 것 아닌가. 그렇게 피울음 쏟은 것 아닌가. 그렇게 지천명 고개와 인생의 고개를 넘어온 것 아닌가. 그렇다. 오금자 시인은 시의 이민자이다. 화갑을 목전에 두고도 시에 붙잡혀 꼼짝 못하고 살아가고 있는 시의 포로이다. 그렇지 않고서야 이 땅에서, '척박함을 밀원으로' 삼는 시인이란 존재할 수 없다.

오금자에 의하여 거명되는 이들 시의 밀원, 이들 밀원의 표상은 애절한 눈빛을 띤 군상들이다. 이름은 다양하다. '두려움, 무서움, 소나기에 흠뻑 젖음, 타향살이, 바람과 비를 품는 일, 입술을 꽉 깨무는 일, 척박한 땅' 등등은 모두 오금자가 지상에서 밀원으로 이름 붙여놓은 물상(物象)들이다. 그러나 어찌된 일인가. 이 고난 투성이의 지난한 이름들이 지난 삶의 추억을 회상시키면서 밀원으로 자리매김 한다. 밀원이라니, 벌이 꿀을 따는 꿀의 원천인 밀원처럼 고난과 황토박지가 밀원이라니, 이는 너무나

모순된 말 아닌가. 이 밀원들이 동시 다발적으로 내면에 밀폐 시켜 놓았던 비밀의 씨방인 시어들을 불러내곤 할 때면 더더욱 밀원의 표정은 맑고 밝은 눈부신 봄날 아닌가.

두렵고 무서움에 떨던 밤
소나기에 흠뻑 젖으며
몸살로 시작한 타향살이
뼈 속까지 아린 이곳
성주산 자락에 둥지를 틀고
바람과 비를 품으며
입술을 꽉 깨문 채
꽃내를 곧추세워
한 송이 꽃을 피워냈습니다
온 힘을 다해 씨방을 키워
씨방이 터지던 날
흩어진 풀씨 하나하나는
한 편 또 한 편의 시가 되어
글밭을 이룬 자리
척박한 땅이 밀원입니다

–「풀씨 하나 앉은 자리」 전문

시는, 그 위대한 기능 중 하나인 꿈을 현실로 불러들이는 몽환에 익숙하다. 또는 현실을 꿈으로 치환시키는 몽상에 탁월하다. 몽환과 몽상이라 하여 현실과 터무니없이 동떨어진 탈속을 의미하지는 않는다. 이 몽환과 몽상은 삶과 함께 삶의 꿈을 지키는 보루다. 오금자는 '풀씨' 에서, 그것도 '풀씨 하나' 에서 삶과 꿈의 이동경로를 설명해 나가고 있다. 세상 누구건 간에 아름답지 않은 꿈을 꾸는 자, 어디 있으랴. 세상 어디서든 간에 비상의 꿈을 꾸지 않는 자, 그 누구이랴. 안정된 생활 속에서 온 가족들과 오순도순 다정히 살아가는 꿈을 꾸지 않는 자 또한 그 누구이랴. 꿈은 오늘과 내일을 살아갈 힘을 제공하는 무형질의 질료이다. 이들 질료가 만들어내는 들풀도 꿈을 꾸는가. 산야에 뿌리를 내려 피어나는 들풀 일체는 반드시 꽃을 피우고 반드시 씨앗을 맺는다.

그 들풀 하나하나가 인간의 삶이다. 그리고 꿈이다.

들풀이 제 고향을 떠나와 낯설고 물 설은 대처에 뿌리 내리기까지 얼마나 '두렵고 무서움에 떨던 밤/소나기에 흠뻑 젖으며/ 몸살로 시작한 타향살이' 의 나날을 보냈다. '두렵고 무서움에 떨던 밤' 을 회상하는 것만으로 몸서리쳐진다. 들풀이, 그 들풀의 씨앗이 그렇겠는가. 아니다. 사람이다. 시의 제목인 '풀씨하나' 는 사람의 은유다. 일가친척 피붙이 하나 없는 타향에서 '두려움에 떨던 밤' 을 겪어보지 않은 사람은 거의 없다. 특히 이 '타향' 이라는 단어에는 미국의 저명 작가인 W · H화이트가 고향을 등지고 타향에서 부대끼며 살아가는 현대인들을 명명한 '조직인' 이 들어 있다. 가정과 혈연과 학연, 지연을 떠나

독립독행하며 문명을 일궈가는 현대인의 초상을 거대한 사회조직의 일원인 '조직인' 이라 본 것이다. 당장 생존에 긴요한 품목 이외에는 사치품이 되어 버리는 현대사회와 현대인들의 각박한 심리상태를 일컬은 이 '조직인' 이라는 용어 속에서 시인이, 그리고 시가 자리할 곳은 없다. 그러나 시인은 ' 태풍이 부는/ 들판에서/ 꽃은 피고/ 지진 난 땅에도/ 샘물이 솟고/ 불에 탄 흙 속에서도/ 새싹이 돋는 것을' (바이런의 시 「희망」 중 일부) 이미 목도하는 사람이다.

시인은 '태풍' 과 '지진' 과 '불에 탄 흙' 에서도 밀원을 찾는다. 아니다. 시인의 앵글에 잡히면 그 무엇도 다 밀원이다. 하물며 아무리 하찮아 보이는 '풀씨 하나 앉은 자리' 임에랴. 시 한 편을 쓰기 위하여 시인은 그처럼 남들이 짚어 내지 못하는 새로운 시선과 새로운 촉수를 지닌 자이다. 시인의 눈으로 보는 생이란 그러므로 흥미진진한 스펙트럼에 휩싸여 다양하고 신비로운 스토리들로 채색된다. 그 스토리들의 꽃잎들이 자신들만의 고유한 이력을 지향하면서 지상과 지하, 그리고 천상에 이르기까지 마음껏 활보하며 자유자재로 흐르는 시의 밀원이 되어 주는 것은 그 때문이다. 꿀벌에 의하여 꿀이 보아져 생약이 되어 주듯이, 사물의 이면에 층층이 쌓인 신비로운 얼굴을 캐내는 것은 시인에 의해서이다. 곡식 한 그루, 풀 한 포기 살아가기 힘든 '척박한 땅' 을 밀원으로 삼아 시편을 써가는 오금자는 그런 면에서 보면 천상 시인임에

틀림없다.

4. 시의 이력(履歷)

삶에 발자취를 남기는 것처럼 시도 시 스스로 시의 발자취를 남긴다. 시를 쓰는 이는 시인이고, 시인에 의하여 시와 시의 생애는 탄생하지만 사람이 이 세상을 살아가듯 시도 시 스스로 시의 생애를 살면서 발자취를 남기되 사람에게 빛의 또 다른 빛인 그림자가 따라붙듯이, 시는 사람을 그림자로 거느리면서 시적자아라는 시의 호흡과 시의 생애와 시의 미래라는 시의 생명력을 함유한다. 여기엔 응축되어진 시의 땀방울이 똬리를 틀고 있다. 응축된 앙금이거나 결정체들이다. 그리하여 오금자의 시의 집에는 '옹이' 가 산다. '굳은살' 도 산다. 이들이 집 주인이다. 집주인은 발바닥을 들여다본다. 발바닥을 덮고 있는 '굳은살' 을 기술하면서 점차 시의 이력을 늘려간다.

그녀가 발바닥을 얼굴 쪽으로
돌려보는 습관이 생긴 것은 굳은살이 생기고 부터다.
한반도 지도를 닮아있다는 것을 안 것도 그때였다.
그녀는 한반도를 끌고 당기며
온종일 건설현장 구석구석을 누비며 청소를 한다.
수많은 산과 계곡
드넓은 평야와 도시들을 이끌고 다녔으니

그 무게에 짓눌려 생겼을 굳은살
점점 두꺼워지는 굳은살을 벗기며
과거의 흔적도 지워보지만
국토를 점령하는 외래종 식물처럼
질긴 생명력으로 두껍고 넓어져간다.
곱고 부드럽던 그녀의 발
하루에 만 번도 더
한반도를 들었다 놨다하며
그녀의 가게를 꾸리는 화수분인 걸 몰랐다.
한 치의 틈도 없는 암흑
숨조차 편히 쉴 수 없는
꽉 조여 버린 시간을 묵묵히 견디던 발의 가치를
등거리에 땀을 흠뻑 적시고야 알았다.
최고의 무용수가 되기까지
수없이 꺾이고 삐뚤어져 못생긴 발이라는
수석 발레리나의 발과 그녀의 발
굳은살의 두께만큼 이력이 쌓이는 것은 땀의 옹이다.

–「굳은살의 이력」전문

이 시편은 이번에 펴내는 오금자의 전체 시집 시편 중에서 단연코 시적 형상화에 성공하고 있는 가장 우수한 시작품이다. 이 시편 이외의 다른 시편들 역시 대체적으로 시의 호흡이 길기는 하지만 이 시편처럼 감동을 주는 시편은 드물다. 작금의 현대시사에서 무수한 시편들이 정

체불명의 늪지에서 저희 끼리만의 잡탕어를 내세운다. 그를 일컬어 우수한 시적형상화를 이룬 시편이라 치켜세우며 자천타천 열 올리고 있을 즈음, 충남 서해안 지역 보령의 성주산은 묵묵히 한 시인을 키웠다. 성주산 자락에서 웅크린 짐승처럼 웅크린 채 시를 쓰는 한 시인을 키웠다. 울울창창한 숲들로 이루어진 한국 최고의 경관, 전국 최고의 수려한 산과 바다와 계곡을 거느린 보령의 산하는 성주산 자락에서 짐승처럼 웅크린 채 시를 써가는 한 시인을 품었다. 오금자 시인이다. 누구 한 사람 눈 여기 살펴보거나, 눈 여겨 살펴주지 않았지만 성주산 자락을 지붕 삼아 오금자는 시를 썼다. 성주산 그늘 아래, 삶이라는 그늘의 이력을 더듬으며 그늘을 밟아가며 시를 써가는 오금자 시인을 성주산은 놓치지 않았다. 길게 산그늘이 어둠을 몰고 오길 수 삼년이 지나자 그늘은 그늘이 지은 시의 집을 더 이상을 품에 품고 있기 어려웠다.

오금자 시인이 지천명 지나 화갑을 목전에 둔 어느 날이다. 성주산은 마침내 오금자 시인의 붓끝을 통하여 이 시편과 이 시집 「굳은살의 이력」을 출산하기에 이른 것이다. 여기에 문학비평이 들어설 자리가 없다. 물론 한 나라에 있어서나 한 개인에게 있어서의 문학연구와 문학사 연구에 있어 비평은 매우 긴요한 일이지만, 이 시편에서의 비평은 무의미하다. 해설 역시 무의미하다. 물론 '시리크의 바닷가' 라는 줄거리가 없는 소설을 쓴 '쥘리앵 그라크' 는 작가의 작품보다 비평가의 말에 더 비중을 두었다.

그런 경우가 없는 것은 아니지만, 오금자의 「굳은살의 이력」이 선물하는 감동은 그 도수와 강도에 있어 독보적인 변별력을 획득하고 있다. 정교하게 잘 다듬어진 시어의 조합이라든가, 시가 가상의 설정 위에 세워지는 가상의 건축물이라는 관점에서 말하려 함이 아니다. 현재 이 시간 가슴 졸이며 살아가고 있는 현실에서 시가 어떻게 고단한 삶의 지렛대 역할을 하는지를 따질 때에 이 시편이 주는 느낌보다 더 심금을 울리는 시편을 찾기 힘들다.

몸을 지탱하는 최하위층인 발바닥의 내력을 이처럼 적나라하게 절규하는 시편은 이 시편이 유일무이하다. 놀랍지 않는가. '온종일 건설현장 구석구석을 누비며 청소를 하는 건' 사람이 아니라 '발바닥'이라고 한다. 주장이 아니라 항변이다. 설명이 아니라 강변이기도 하다. 그것도 '발바닥의 굳은살'이라고 우겨댄다. '굳은살'은 하도 일한 탓으로 점점 그 '굳은살'의 반경을 넓혀간다. 서글프고 안타까우며 애달픔이 왜 없으랴. '하루에 만 번도 더/ 한반도를 들었다 놨다하며' 차츰차츰 굳은살의 부피와 넓이를 더해가는 '굳은살'의 태생은 원래 '곱고 부드럽던 그녀의 발'이었다. 그러니까 '굳은살'의 호적은 원래 '곱고 부드러운 그녀의 발'이 원적지이다. 이 밀속에는 꿈 많던 어린 소녀가 성장하여 처녀가 되는 과정이 생략되어 있다. 처녀의 곱디고운 발을 상상하기는 어렵지 않다. 처녀시절의 발, 얼마나 아름다웠으랴. 그 발, 그 발이다. 그 발이 세월의 퇴적층에 뒤덮여 커다란 바위를 덮고 있는 오래된 이끼처럼 '굳은살'의 퇴적층을 확장시켜가고 있는 중이다.

이 발바닥 '굳은살'은 그러나 '화수분'이다. 한 가정의 가계를 꾸려나가는 것은 순전히 이 '굳은살' 덕분이기 때문이다. 시작품이 아니다. 시작품에서 용처에 쓸 수익이 발생하지 않는다. 오직 여기서만 생활비가 나온다. 그래서 '화수분'이다. '굳은살'이 노력하고 피땀 흘려 자꾸자꾸 굳어져간 덕분으로 목숨을 건사하는 이 시편이 감동적인 이유는 이 시편 자체가 그대로 슬픔이거나 눈물이기 때문이다. 그러나 역설이 존재한다. 시인 오금자에게 있어 이는 더할 나위 없는 축복이다. 이 땅에서 시인으로 살아가는 오금자 시인을 향하여 시가 쏟아 붓는 축복 덩어리이란 말이다.

만일 오금자가 피땀 흘려 일하여 얻게 된 발바닥의 '굳은살'이 없었다면 과연 이런 시편을 표현해 낼까 의문이다. 그것도 시적화자를 통하여 제시되는 '최고의 무용수가 되기까지/ 수없이 꺾이고 삐뚤어져 못생긴 발이라는/ 수석 발레리나의 발과 그녀의 발'에의 대비를 할 수 있었을까도 마찬가지다.

뻘밭을 기어 다니는 게를 기억하는가. 마치 그 집게 발가락같이 울퉁불퉁한 발레리나의 발과 시적화자의 발의 동질성을 강조한 면면은 시적교감의 설득력을 확보하면서 읽는 이의 가슴을 뭉클하게 한다. 삶이란, 그리고 시 쓰는 일상이란 기형형화 된 발가락의 삶, 더 이상 발가락이 아닌 발가락을 양말이나 버선코로 감추며 살아가는 고단함 아니겠는가.

이밖에도 감동 어린 시편이 있다. 바로 생의 밑바닥 삶인 '바닥' 을 노래한 시편, 「바닥이 되어」 역시 「굳은살의 이력」과 유사한 체험적 공감 내지는 감동의 울림을 갖는다.

절망의 무게를 안고
바닥까지 내몰려 보았는가

바닥이 되어 올려보는 세상은
크기가 다른 신발가게다

바닥이 되어 밟히는 세상은
작은 발에 짓눌려도 상처는 크다

혹여 나는 무엇을 짓밟고
누군가를 아프게 한 적이 있었는지
바닥이 되어 많은 것을 생각했다

다시 일어나는 곳에서부터
밟고 지나는 곳에
아름다운 족적을 남겨보리라

바닥에서 일어선
저 가을의 황금들녘처럼

―「바닥에서」 전문

오금자 시의 장점은 난해성과는 거리가 멀다는 것과 솔직담백한 이미지즘의 표현이다. 이는 마치 16세기에 살았던 프랑스의 유리도예가 베르나르 팔리시가 자신의 유리공예에 대하여 주위 사람들이 무어라하든 전혀 관심 없이 유리공예에 전심을 쏟았던 것과 유사하다. 베르나르 팔리시에게 있어 조개껍질의 이미지는 오랜 운명을 가진 이미지이며 그의 책, 『참된 전통』에서 「성채의 도시」라는 이야기를 펼치면서 '스스로의 진액으로 제 집과 성채를 짓는 어린 괄태충' 에 대하여 명상한다.

괄태충(括胎蟲)은 민달팽잇과의 연체동물로 등껍질이 퇴화되어 집이 없는 종류를 말한다. 고작해야 길이 4, 5 센티에 불과한 몸길이의 이 연체동물이 입으로 진액을 내어 집을 짓는데 그것이 흡사 성채처럼 견고함을 발견해낸 것이다. 바닥도 습지의 밑바닥에서 살아가면서도 제 집을 짓는, 그것도 마치 성채처럼 견고히 집을 짓는, 특히 '스스로의 진액을 뱉어' 집을 짓는 현상이 흡사 오금자의 체험적 실체가 훤히 드러나 보이는 이 시편, 「바닥에서」와 너무나 흡사하지 않는가. 즉, '굳은살' 이나, '바닥' 은 오금자 삶의 진정성과 치열함을 드러내주는 증좌이자 오금자의 시(詩)가 써가는 시의 이력이라는 상상이 가능하다.

5. 결어

다시 이 글의 맨 처음 행간으로 되돌아 결어를 정리한다. 오금자의 시편에는 오금자가 있다. 시인 오금자와 시인 오금자가 있다. 처절할 정도로 자기 자신의 이력을 내보이는 시편들을 선보이면서도 궁극적으로 오금자는 아름다움을 추구하는 일상을 살기를 원하다. 속내에는 '아름다움'의 집짓기를 갈망한다. ' 나무가/ 아름다운 무늬를 남기는 것은/ 비바람에 상처를 입고도/ 견디어온 삶의 흔적들'(「아름다운 무늬」 일부)'를 간직하고 있다. 나무가 자연계를 대변하는 오금자의 시선이라면, 자연계에서 시인 스스로 감정이입하여 드러내는 시편도 있다. 고요에 들어, 가을날의 고요에 들어 '단풍'을 읊조린다.

현란한 옷을 입고
굿판을 여는 무녀다
가슴 뭉클해지는
무녀의 슬픈 춤이다.

–「단풍」 전문

'단풍'은 봄에 피어나 가을에 떨어지는 운명이 예정되어 있는 물상이다. 이는 인간의 은유이면서 동시에 장차 코앞에 내려앉을 죽음의 은유이기도 하다. 위 시편에서

'무녀' 가 춤을 추는 것은 누군가의 염원을 대신하여 주는 몸짓이다. 그런 무녀가 무녀 옷을 입고 춤을 추는 것은 신들린, 신(神)들려서 누군가를 복 빌어주는 제의의식을 치러 내고 있다는 이야기다. '단풍' 이 봄, 여름, 갈을 견뎌내고 땅에 떨어져 썩어가는 이유가 '무녀' 와 동일하다는 것이다. 복잡한 삶에서 짧지만 아름다운 삶을 궁구하는 것이다. 이처럼 오금자는 예사로이 만나는 물상 하나하나에서 시인 자신만의 시어발굴, 시어개척을 통한 오금자만의 농익은 무늬를 잡아내려는 취지의 '옷' 을 입고, '춤' 을 춘다. 그러한 옷과 춤 동작 하나하나가 또한 단풍의 삶, 무녀의 삶을 살아가는 오금자 시인 자신이 아니겠는가.

결론적으로 시인 오금자가 지어가는 시의 집과 그 집에서 입는 '옷' 과 그 집에서 추는 '춤' 은 지금도 현재진행형이다. 완성품이 아니다. 그러나 분명한 사실 하나는 오금자가 지어가는 집과 춤사위들은 삶의 아픔과 슬픔을 승화시킨 오금자의 신선한 영혼이라는 것이다. 때 묻지 않고, 세속적이지 않은, 청정하고 신령한 신성이 깃든 삶, 또는 그러한 시의 앙금이 가라앉은 빛나는 결정체라는 점이다. 시행(詩行)의 서술이 긴 것은 아직도 삶, 또는 시의 집짓기가 한창이라는 증거다.

이 증거들은 훗날, "갑자기 방 하나가 나의 내부에서 거의 만져지기라도 할 듯이 램프와 대면하여 나타났다. 이미 나는 그 안에서 구석이 되어 있었다. 그런데 덧문들이 나를 느끼고 스스로 닫았다.(괴테의 『나 없는 나의 생』 중에서 인용)"라는 문장처럼 오금자 시인을 시인 자신의 삶과 시의 구석구석에서 부활시킬 것이라 본다. 진실로 힘차고 진실로 뜨거우며 진실로 붉은, 선홍의 핏줄기로 언젠가는 반드시 새로운 구석을 비춰줄 것이라 믿게 한다. 그리하여 오금자 시인의 고운 피부를 할퀴고, 오금자 시인의 보드라운 처녀살갗을 찢어 버린 매몰찬 가시덤불을 시로 승화시킨 시의 이력들이, 무수히 많은 이웃들의 아름답고 따사로운 안식치가 되어 주리라 믿어 의심치 않는다.

오금자 시집
굳은살의 이력

초판 인쇄 2018 년 10 월 25 일
초판 발행 2018 년 10 월 31 일

지은이 | 오금자
펴낸이 | 김효열
편 집 | 이미정
마케팅 | 김효숙 · 김영미 · 박미옥

펴낸곳 | **을지출판공사**

등록번호 | 1985 년 2 월 14 일 제 2-741 호
주 소 | 서울시 마포구 양화진길41, 603호
우편번호 | 04083
대표전화 | 02) 334-4050
팩시밀리 | 02) 334-4010
전자우편 | ejp4050@hanmail.net

ISBN 978-89-7566-174-7 03810

값 15,000원

* 본 도서는 충청남도, 충남문화재단의 후원으로 발간되었습니다.